ENCYCLOPÉDIE DES ARTS DÉCORATIFS DE L'ORIENT

# ORNEMENTS
# DE LA CHINE

RECUEIL

DE

DESSINS POUR L'ART ET L'INDUSTRIE

PAR

E. COLLINOT ET A. DE BEAUMONT

1re Série

Pl. 1, 2, 5, 9, 21, 31, 32-33, 34, 35.

PARIS

CANSON, LIBRAIRE-ÉDITEUR

6, RUE DES BEAUX-ARTS, 6

M DCCC LXXXII

ORNEMENTS DE LA CHINE

DE BEAUMONT INV.

CANSON ÉDITEUR 6 RUE DES BEAUX ARTS PARIS

A. DE BEAUMONT LITH. CANSON, ÉDITEUR 6 RUE DES BEAUX ARTS, PARIS IMP. LEMERCIER & Cie PARIS

ORNEMENTS DE LA CHINE

Pl. 3

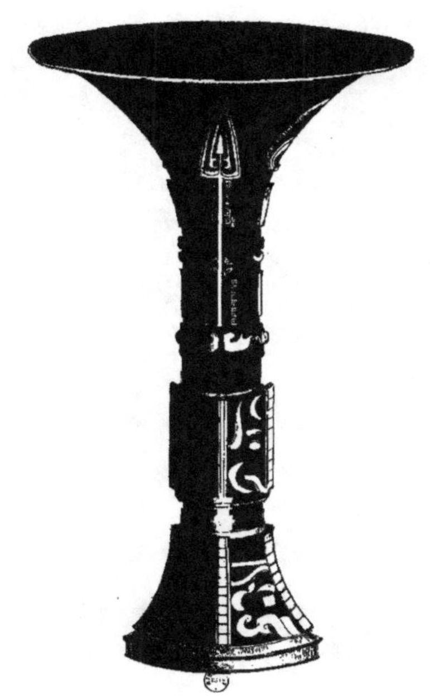

[illegible] inc.  [illegible] Beaux Arts Paris  [illegible] Paris

DANGON ÉDITEUR 6 RUE DES BEAUX ARTS PARIS

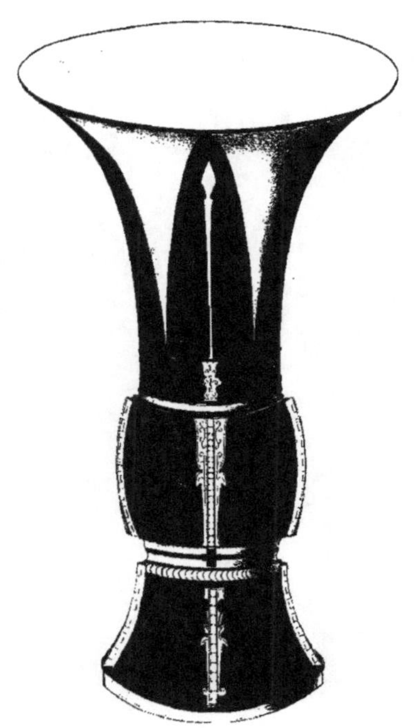

A. DE BEAUMONT INV. SANSON, ÉDITEUR, 6 RUE DES BEAUX ARTS, PARIS IMP. LEMERCIER & CIE PARIS

ORNEMENTS DE LA CHINE

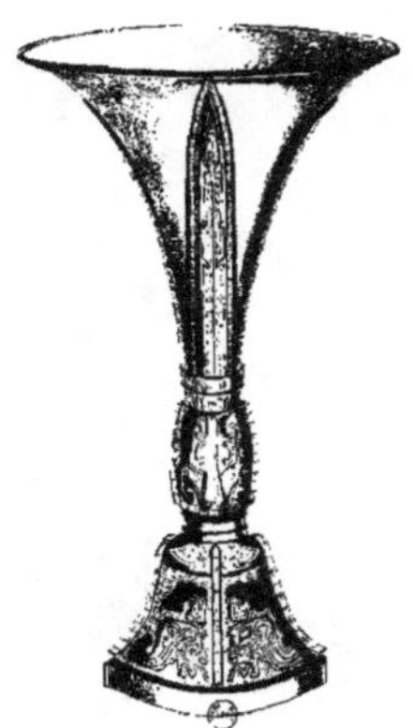

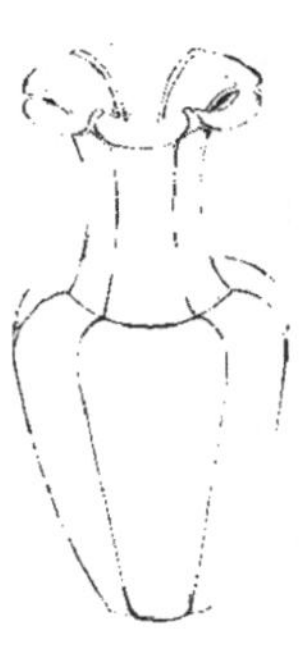

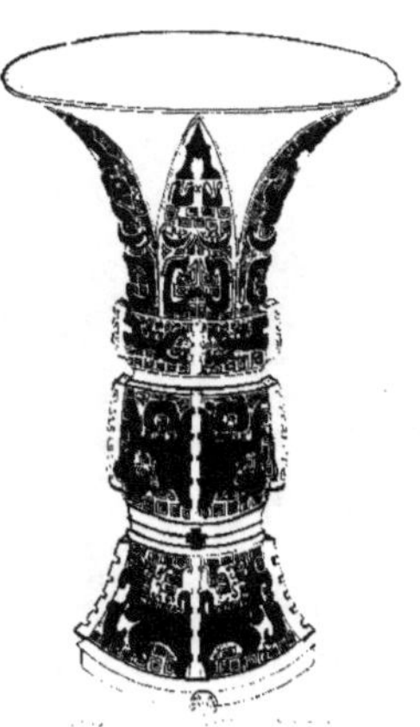

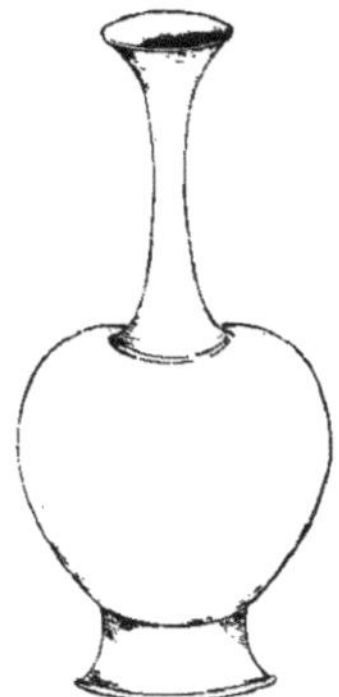

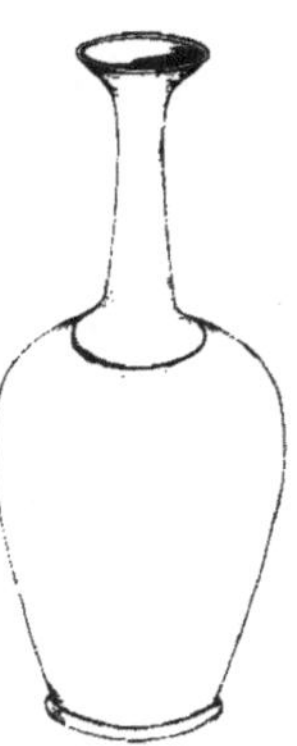

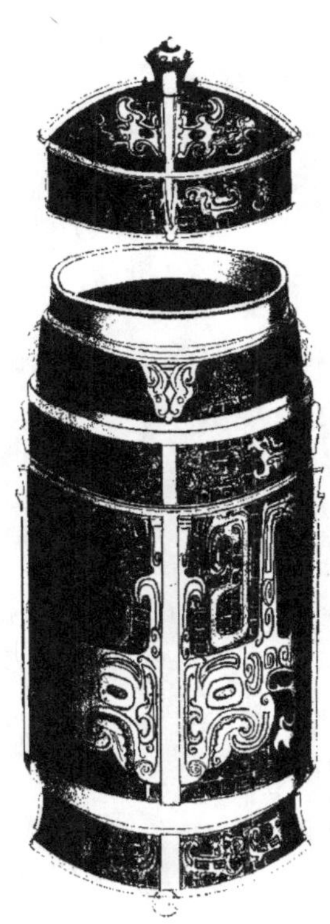

[illegible] DE LA CHINE

A. DE BEAUMONT INC. ... PARIS

A DE BEAUMONT INC — SANSON, EDITEUR 6 RUE DES BEAUX-ARTS, PARIS — IMP LEMERCIER & C^{ie} PARIS

Pl. 20

ORNEMENTS DE LA CHINE

ORNEMENTS DE LA CHINE

Pl. 22

A. DE BEAUMONT INC. — CARSON, EDITEUR 6 RUE DES BEAUX ARTS, PARIS

A. DE BEAUMONT INV.

ORNEMENTS DE LA CHINE

A. DE BEAUMONT DIR. CANSON, ÉDITEUR 6 RUE DES BEAUX ARTS, PARIS IMP. LEMERCIER & Cie PARIS

# ENCYCLOPÉDIE

DES

# ARTS DÉCORATIFS DE L'ORIENT

---

## Ouvrages en cours de publication

### LES ORNEMENTS DU JAPON

L'OUVRAGE COMPRENDRA 40 PLANCHES GRAND IN-FOLIO EN CHROMOLITHOGRAPHIE ET PARAITRA PAR SÉRIES DE 10 PLANCHES.

| | |
|---|---|
| Prix de chaque série 1 à 3. . . . . . . . . . | 30 fr. |
| La 4ᵉ série qui contiendra les titres, tables et texte. . . . . . . . . . | 40 fr. |
| L'ouvrage complet. . . . . . . . . . | 130 fr. |

---

### LES ORNEMENTS DE LA CHINE

---

### LES ORNEMENTS ARABES

---

### LES ORNEMENTS VÉNITIENS, HINDOUS, ETC.

Les trois ouvrages ci-dessus comprendront le même nombre de planches que le JAPON, le prix de souscription en est le même.

---

### LES ORNEMENTS TURCS

L'OUVRAGE COMPRENDRA 30 PLANCHES GRAND IN-FOLIO EN CHROMOLITHOGRAPHIE ET SERA PUBLIÉ EN TROIS SÉRIES.

| | |
|---|---|
| Prix de chaque série 1 et 2. . . . . . . . . . | 30 fr. |
| La 3ᵉ serie qui comprendra les titres, tables et texte. . . . . . . . . . | 40 fr. |
| L'ouvrage complet. . . . . . . . . . | 100 fr. |

---

A partir du 1ᵉʳ Janvier 1882, il paraitra, chaque mois, une série de l'un des cinq ouvrages en cours de publication.

AUSSITOT CHAQUE OUVRAGE PARU LE PRIX EN SERA AUGMENTÉ.

Il n'est tiré de chaque ouvrage que 500 exemplaires, numérotés de 1 à 500. Les pierres sont effacées au fur et à mesure de l'impression.

---

*Tous ces ouvrages sont imprimés, par la maison Lemercier et Cᶦᵉ, sur les plus belles pâtes des Papeteries du Marais*
*et sont exécutés sur le type de*

### LES ORNEMENTS DE LA PERSE

Ouvrage terminé dont le prix est de 200 francs et contient soixante planches.

[illegible]

www.ingramcontent.com/pod-product-compliance
Lightning Source LLC
LaVergne TN
LVHW011954160826
845678LV00002B/537

*9782329675732*